DAS Buch für die Frau

Den Partner umtauschen lohnt sich nicht, denn solange du nicht weißt, wie du mit ihm umgehen sollst, damit ihr eine glücklichere Beziehung habt, wirst du die gleichen Probleme mit dem neuen Partner haben.

Sandra Liliana Schmid

DAS Buch für die Frau

Wie aus deinem Frosch dein Prinz wird

Bibliografische Information der Deutschen Nationalbibliothek: Die Deutsche Nationalbibliothek verzeichnet diese
Publikation in der Deutschen Nationalbibliografie; detail-
lierte bibliografische Daten sind im Internet über
http://dnb.dnb.de abrufbar.

1. Auflage 2017
2. Auflage 2022

Herstellung und Verlag: BoD – Books on Demand, Nor-
derstedt

ISBN: 978-3-7448-3474-2

Inhaltsverzeichnis

Was bringt dir dieses Buch

Dieses Buch zeigt dir mit einfachen, aber zielführenden Werkzeugen ganz genau auf, wie du in deiner Beziehung endlich Zuneigung, Anteilnahme, Zugehörigkeit, Sicherheit, Wärme, Verständnis, Anerkennung und Wertschätzung erhältst. Wie du es ganz einfach anstellst, dass dein Partner dir zuhört, mit dir spricht und du endlich verstanden und unterstützt wirst. Wie ihr euch in eurer Partnerschaft wieder näherkommt, euch austauscht, die schönsten und schwierigsten Momente miteinander teilt, füreinander da seid und euch gegenseitig spürt. Das ist es doch, was du dir wünschst, oder? Nebst dem gemeinsamen Lachen, der Zärtlichkeit und dem guten Sex brauchen wir Frauen aus unserem tiefsten Innern Geborgenheit und Harmonie. Und wir sind auch sehr gut darin, für Geborgenheit und Harmonie zu sorgen, nur stellen wir mit der Zeit fest, dass wir es zwar sehr oft geben, aber nur selten erhalten. Und manche Frauen hoffen und warten eine unglaublich lange Zeit darauf, dass es endlich besser wird. Dass sie endlich erhalten, was sie sich wünschen und was sie brauchen. Aber nichts ändert sich. Und was passiert dann? Oftmals resignieren die Frauen nach einer gewissen Zeit, wodurch sie sich innerlich von ihrem Partner entfremden. Und dann lernen sie per Zufall einen anderen Mann kennen, der ihnen mehr Aufmerksamkeit schenkt als ihr aktueller Partner. So geschieht es dann, dass sie sich Hals über Kopf in diesen neuen, aufregenden Mann verlieben, um kurze Zeit später doch wieder feststellen zu müssen, dass auch diese Beziehung nicht funktioniert. Kommt dir das bekannt vor? Vielleicht hast du das schon erlebt oder bei einer Freundin beobachtet.

Ein neuer Mann beziehungsweise eine neue Beziehung löst das Problem oftmals nicht. Die Probleme wiederholen sich. Allerdings verändert sich eine Beziehung auch nicht zum Besseren, wenn du einfach nur wartest und hoffst, dass ER sich von alleine ändert.

Mit diesem Buch erhältst du nun endlich wertvolle Werkzeuge und Hilfsmittel an die Hand, die du ganz einfach in euren Alltag integrieren kannst. Dadurch werden sich positive Veränderungen bemerkbar machen und du erhältst, was du brauchst und dir auch sehnlichst wünschst.

Du erfährst, wie aus deinem Frosch dein Prinz wird.

Jede Minute, in der du nicht wirklich glücklich bist, ist verlorene Zeit. Denn du hast es verdient, glücklich zu sein!

Worte sind weder die einzige noch die beste
Methode, einen Mann zu beeinflussen…
Im Gegenteil!

Wie dieses Buch funktioniert

In diesem Buch werde ich auf die Unterschiede der weiblichen und männlichen Sprache und Kultur eingehen und dir wertvolle Werkzeuge an die Hand geben. Denn so banal es vielleicht auch klingen mag, die Kommunikation (verbal und nonverbal) ist eines der mächtigsten und zielführendsten Werkzeuge. Wenn man weiß, wie man dieses Werkzeug einsetzt, kann man es zu seinem Vorteil nutzen. Wenn man das aber nicht weiß, entstehen «per Zufall» unglückliche Missverständnisse, Konflikte, Enttäuschungen und manchmal Trennungen oder sogar Kriege…

Nun ist aber folgendes ganz wichtig: Selbstverständlich wendet nicht jeder Mann die Denkweise, Sprache und sein Verhalten zu 100% «männlich» an. Genau so wenig ist jede Frau in ihrem Denkmuster, ihrer Sprache und ihrem Verhalten 100% Frau. Es ist also nie einfach nur Schwarz oder Weiß. Wir alle haben verschiedene Grau-Nuancen dieser Extremitäten, und natürlich ist jeder Mensch auch einzigartig. Dennoch gibt es viele Verhaltensmuster, Denkweisen und sprachliche Angewohnheiten, die eher «typisch» Mann beziehungsweise «typisch» Frau sind. Um die Beispiele besser aufzuzeigen und damit du sie einfacher im Alltag erkennen kannst, schildere ich sie in diesem Buch schwarz-weiß, ohne die Absicht zu haben, Männer und Frauen in extreme Raster zu drücken.

Ich erlaube mir nun folgende Aussage: Auch wenn es Ausnahmen und Nuancen gibt, sind Männer in vielen Hinsichten gleich und die meisten funktionieren im Grundsatz sehr ähnlich. Ihre größte Herausforderung sind wir Frauen. Denn sie verstehen uns nicht. Aber sie würden uns gerne verstehen. Und sie wollen, dass wir glücklich sind. Aber sie wissen nicht, was sie wann wie machen sollen, und es bricht ihnen das Herz, wenn sie uns Frauen leiden sehen. Denn dann haben sie das Gefühl, sie hätten versagt ...

In diesem Buch erhältst du grundlegende Erklärungen, wirkungsvolle Aufgaben, wertvolle Anleitungen und hilfreiche Tools, damit dein Partner dir mit ganz einfachen Mitteln (wieder) näherkommt. So, dass du Wärme, Zuneigung, Verständnis, Sicherheit, Anteilnahme, Zugehörigkeit, Wertschätzung und Anerkennung erhältst. Es geht darum, dass er ganz einfach lernt, dir zuzuhören und besser auf dich einzugehen. In diesem Buch erhältst du daher Hilfsmittel, die dazu führen, dass du von deinem Partner das erhältst, was dir fehlt und du dir immer schon gewünscht hast.

Du erhältst mit diesem Buch also schnelle, hilfreiche Anleitungen und Tools, damit die enttäuschenden und verletzenden Momente in deiner Beziehung wegfallen. All die vertieften, psychologischen

Erklärungen und Hintergründe werde ich dir allerdings ersparen, denn darüber gibt es bereits unzählige Bücher. Ausserdem würde dies hier den Rahmen sprengen. Denn in diesem Buch geht es weniger um das Warum, sondern um «Wie wird es womit schnell und einfach besser». Und zudem verändert sich eure Beziehung nicht zum Besseren, wenn du alle psychologischen Erklärungen und Hintergründe hier nachlesen könntest.

Ich arbeite stets mit meinem bewährten 3-Stufen-Modell:

1. Erkennen und verstehen
2. Anwenden und umsetzen
3. Festigen und automatisieren

Und genau diese drei Stufen wendest du auch in diesem Buch an:

1. Erkenne und verstehe deine Bedürfnisse, die Ausgangslage und neue Methoden.
2. Wende die Tools und Anleitungen aus diesem Buch an und setze sie um.
3. Festige die neu erlernten Methoden, und sie automatisieren sich von alleine.

Auf den folgenden Seiten findest du Themen, die

aus dem Leben gegriffen sind und die oftmals zu Missverständnissen und Enttäuschungen führen. Du erhältst zu jedem Thema klare Anleitungen, damit ihr euch sofort wieder näherkommt und Konflikte vermieden werden. Es geht ja schließlich darum, dass ihr beide eine glückliche und erfüllende Beziehung genießen könnt. Es könnte allerdings sein, dass dein Partner dich am Anfang etwas verwirrt anschaut. Gib ihm einfach ein bisschen Zeit und befolge weiterhin kontinuierlich die Anleitungen in diesem Buch. Die positiven Veränderungen werden sich schon zeigen. Vielleicht ist dein Partner daran interessiert, etwas über dich als Frau zu lernen und herauszufinden, wie einfach es sein kann, eine glückliche Beziehung zu führen. «DAS Buch für den Mann – 5 Geheimnisse für eine erfolgreiche Beziehung» habe ich für ihn geschrieben. Du kannst ihm das Buch ja einfach mal so hinlegen…

Folgendes möchte ich aber unbedingt noch hinzufügen: Ich gehe davon aus, dass dein Partner dich respektvoll behandelt, dich liebt und sich ebenfalls eine glückliche Beziehung mit dir wünscht. Sollte dein Partner dich trotz deiner wiederholten Anwendungen dieser Anleitungen ignorieren und dich sogar verletzen oder demütigen, hat er dich nicht verdient.

Ein bisschen über mich

Vielleicht noch etwas Kurzes über mich. Einfach damit du weißt, warum ich dir diese Anleitungen gebe und woher meine Fähigkeiten und mein Wissen stammen. Geboren wurde ich 1970 in der Schweiz im Raum Zürich. In meiner Kind- und Jugendzeit habe ich mir nichts sehnlicher als Liebe, Harmonie, Geborgenheit, Zugehörigkeit, Respekt und Wertschätzung gewünscht. Und wie so viele Frauen, habe ich mir all die Sissi-Filme immer wieder angeschaut, und «Drei Nüsse für Aschenbrödel» war mein absoluter Lieblingsfilm. Ich verschmolz regelrecht mit den Geschichten und wünschte mir so sehr, dass es die wahre Liebe wirklich geben würde. Dass mich eines Tages ein Mann finden würde, der mich aus tiefstem Herzen für immer und ewig lieben würde. MICH, das einfache Mädchen, das bis dahin die glückliche Liebe mit Respekt, Wertschätzung, Geborgenheit und Harmonie nur aus Filmen kannte. (Ja ich weiß. Es tönt ziemlich kitschig …, aber so war es tatsächlich.)

Mein Vater ist Süditaliener, meine Mutter Schweizerin. Aufgewachsen bin ich also in zwei komplett unterschiedlichen Kulturen, was wirklich nicht einfach, aber in vielen Hinsichten prägend und lehrreich war. Mit 15 startete ich meine aktive «Forschung» und begann Menschen zu studieren. Ich wollte wissen, was in ihnen steckt, was sie für Bedürfnisse haben und wie sie funktionieren. So fuhr ich an manchen schulfreien Nachmittagen nach Zürich zum Hauptbahnhof, setzte mich auf eine Bank, beobachtete die Menschen und habe sehr schnell Spannendes erkannt.

Im Alter von zwanzig verließ ich meine Heimat und flog mit einem One-Way-Ticket nach Vancouver, wo ich mit Menschen aus China, Mexiko und Argentinien zur Schule ging und in einer kanadischen Familie als Kindermädchen arbeitete. Nach sechs Monaten kaufte ich mir einen weißen 1978er Dodge Diplomat, reiste alleine durch den westlichen Teil der USA und flog dann nach Hawaii, wo ich zweieinhalb Jahre lebte und arbeitete. Nach meiner Zeit in Hawaii verbrachte ich weitere eineinhalb Jahre in den USA (Washington und California), bevor ich mich dann entschied, für immer in die Schweiz zurückzukehren. Die insgesamt viereinhalb Jahre haben mich extrem geprägt. Ich habe unglaublich viel erlebt, habe mir mein erstes Tattoo stechen lassen (eine kleine Rose), hatte viel Spaß, hatte oft auch große Angst, kam an meine Grenzen, habe gekämpft und gelernt, was in keinem Lehrbuch steht. Ich kam mit Menschen aus den unterschiedlichsten Kulturen in Kontakt, was ich zweifelsohne überaus spannend fand. Und wenn du als Frau so alleine auf dich gestellt bist, ist es äußerst ratsam, Menschen (aus allen Kulturen) sehr gut zu studieren, und dir die Fähigkeit, sie «lesen» zu können, anzueignen. Denn dein Leben hängt davon ab.

Gemäß einer Numerologie-Analyse wurde ich mit einer «speziellen Gabe» geboren. Ob das so ist oder nicht, weiß ich nicht genau (das ist ja nicht wirklich messbar), aber ich kann Menschen lesen. Ihre Befindlichkeit, ihre Gefühle und manchmal auch ihre Gedanken. In Gesprächen erkenne ich sehr schnell, was ihnen fehlt, was der Grund für ihre schwierige Situation ist und was ihnen hilft. Oft muss ich dafür die Person auch gar nicht sehen. Darum funktionieren meine telefonischen Beratungen so großartig. Da erkenne ich alles Wichtige aus der Stimme, aus der Geschichte, die ich höre, aus der Tonlage und aus der Stille, die zwischen den Worten aufkommt.

Gehen wir aber zurück zu Mann und Frau. Seit ich 15 Jahre alt bin, habe ich also zahlreiche Menschen beobachtet, studiert und analysiert. Eine gewisse Zeit lang habe ich auch gezielt Paare und Beziehungen analysiert. Warum sie einander ausgewählt haben, warum ihre Beziehungen scheitern, warum sie glücklich oder unzufrieden sind. Ich habe mich auch auf sozialwissenschaftlicher, psychologischer und pädagogischer Ebene wie auch in der Beziehungswissenschaft weitergebildet, habe psychologisches Coaching in der Sozialarbeit studiert und Naturheilkunde gelernt. Wobei ich hier unbedingt noch anfügen möchte, dass ich persönlich nicht viel von Diplomen halte. Denn diese sind im zwischenmenschlichen Bereich nicht aussagekräftig. Ein Stück Papier qualifiziert jemanden im Bereich «Mensch» nicht wahrheitsgetreu ... Aber das ist meine persönliche Meinung.

Im Alter von 17 bis 29 habe ich all die Fehler gemacht, die die meisten Frauen machen und hatte schreckliche Beziehungen. Immer wieder traten Auseinandersetzungen, Differenzen und Frustrationen auf und führten zu Enttäuschungen und tiefen Verletzungen. Nie war ich wichtig genug. Nie war ich gut genug. Immer musste ich um Anerkennung kämpfen und immer hoffte ich, es würde besser werden. Wie es halt in vielen Beziehungen vorkommt. Aber eigentlich wollte ich das gar nicht. Ich wollte unbedingt eine glückliche, liebevolle und erfüllende Beziehung mit allem Drum und Dran. Und so entschloss ich mich irgendwann, Hilfe in Anspruch zu nehmen. Ich ging zum Psychiater, saß da auf dem Stuhl, hoffte, ich könne «geflickt» werden, aber nichts änderte sich. Also entschied ich, mich im psychologischen und soziologischen Bereich auszubilden und mich selbst «zu therapieren». Und dann machte ich klare Fortschritte. Plötzlich wurden meine Beziehungen besser, aber etwas stimmte doch noch nicht ganz.

Ich gab nicht auf. Ich kämpfte weiter. Ich arbeitete weiter an mir, las Therapiebücher, nahm an Weiterbildungen teil, ging in die Tiefe, arbeitete meine Vergangenheit auf. Denn ich wusste, es muss sie geben: die wahre Liebe – die große Erfüllung. Und dann, eines Tages, geschah es. Wie aus heiterem Himmel. Ich war mit meinem Fahrrad auf dem Nachhauseweg, und wie ein Blitz schlug es ein. Ich erstarrte und hielt an. Es war, als ob der Nebel sich um mich herum auflösen würde, und alles war plötzlich so klar und machte Sinn. Ich spürte, wie mein Blut vor Begeisterung durch meine Venen raste und mein Herz pochte. Endlich begriff ich, was all die Jahre falsch gelaufen war. Was für eine Erlösung! Und zehn Monate später lernte ich die Liebe meines Lebens kennen. Wir heirateten und gründeten eine Familie und genießen seither ein glückliches, harmonisches Familienleben und eine liebevolle und bereichernde Beziehung. So, wie ich es mir immer gewünscht hatte.

Menschen und Kommunikation sind meine Leidenschaft. Ich habe analysiert, entdeckt und gelernt, wie und was man mit verbaler und nonverbaler Kommunikation bewirken kann. Wie viel Schönes damit erreicht werden kann. Wie viele Enttäuschungen und Konflikte damit vermieden werden können.

Seit ich 22 Jahre alt bin, habe ich zahlreiche Beratungen, Coachings, Seminare und Referate für Menschen im Privat- und Berufsleben durchgeführt. Die Themen waren jeweils Konfliktlösung, Persönlichkeitsentwicklung, mentale Stärke, wahrgenommen werden, konfliktfreie und wertschätzende Kommunikation, Führung und Zusammenarbeit sowie Kulturentwicklung. Was gibt es Schöneres als das?

Die Liebe meines Lebens: Rolf Schmid
Wir haben am 3. Februar 2001 in den Schweizer Bergen
geheiratet – wie im Märchen

Unterschiede – Hilf ihm!

Vielleicht kommt dir das bekannt vor: Oftmals oder eigentlich fast immer geht eine Frau davon aus, dass ihr Partner sich auf eine bestimmte Art und Weise verhalten müsste, wenn er sie tatsächlich lieben würde. Nämlich genauso, wie sie sich verhält, wenn sie ihrem Partner zeigt, dass sie ihn liebt. So, wie sich halt «normale» Menschen verhalten, wenn sie jemanden lieben. Aber dieses «normal» bezieht sich nur auf die Frau und nicht auf den Mann. Denn es ist längst kein Geheimnis mehr, dass Männer anders funktionieren als Frauen, und unterdessen ist das auch durch verschiedene Studien bewiesen. Das heißt also auch, dass das, was du unter Romantik, Anteilnahme, Geborgenheit, Zugehörigkeit und Sinnlichkeit verstehst und dir das Gefühl vermittelt, wirklich geliebt und geschätzt zu werden, nicht das Gleiche ist, was ein Mann darunter versteht.

Also kann es durchaus sein, dass er dir die ganze Zeit zwar Liebesbeweise liefert, du sie aber nicht erkennst. Das führt dazu, dass dir Zuneigung und Geborgenheit und ihm die Anerkennung fehlt. Dann ist es wahrscheinlich auch so, dass du über eine (sehr) lange Zeit versuchst, ihm klarzumachen, dass du mehr Zuneigung, Verständnis und Geborgenheit brauchst, und weil er dich aber nicht versteht, zieht er sich zurück. Das wiederum verletzt dich noch mehr und mit der Zeit resignierst du … Was zum Ende eurer Beziehung führen wird. Denn auf diese Weise wird er dich nie verstehen, und so wird er dir auch nie geben können, was du brauchst.

Es ist also äußerst wichtig, dass du Folgendes verstehst: Männer funktionieren anders und sprechen eine andere Sprache. Wenn du von ihm erwartest, dass er dich versteht und dass er tut, was eigentlich «normal» sein sollte, dann verlangst du von ihm, dass er eine komplett neue Sprache und ein komplett neues Verhalten lernt. Ich sage nicht, dass das nicht möglich ist. Im Gegenteil: Es ist möglich. **Nur musst du ihm dabei helfen!**

Und denke immer daran, warum du das alles machst:

A) Weil du eine glückliche, erfüllende Beziehung voller Wertschätzung, Zuneigung, Verständnis, Anteilnahme, Anerkennung, Sicherheit, Wärme und Liebe möchtest.

B) Weil du in deiner Beziehung gehört und verstanden werden möchtest.

C) Weil ihr euch wieder näherkommen wollt.

Frauen lassen sich von ihren Gefühlen steuern und denken nicht strategisch. Und dann wundern sie sich, dass es in ihrer Beziehung keine Verbesserung gibt.

Wenn er sich zurückzieht

Männer ziehen sich von Zeit zu Zeit zurück, was für uns Frauen ganz schön nervig und auch verletzend sein kann. Dafür gibt es aber zwei Gründe. Der eine Grund entspringt ihrem Bedürfnis, der zweite Grund entspringt ihrer Angst.

Der erste Grund:

Männer ziehen sich sehr gerne in ihre Höhle zurück, wo sie Energie tanken. Dieses Zurückziehen hat also nichts mit dir zu tun. Es ist einfach ein Grundbedürfnis. Wenn dich das stört und du deinen Partner davon abhalten willst, dann stößt du ihn von dir ab. Gib ihm seinen Raum und diese Zeit. Sage ihm ganz einfach so etwas wie:

- «Nimm dir deine Zeit. Ich liebe dich. Wann wäre ein guter Zeitpunkt für dich, damit wir XY besprechen können? O.k. gut, ich freue mich.»

Wenn er weiß und spürt, dass er sich ohne schlechtes Gewissen zurückziehen darf, dann wird dieses Bedürfnis mit der Zeit abnehmen. Es wird nie ganz verschwinden, aber die Zeiten werden kürzer. Und du solltest dir in der Zeit, in der er sich zurückzieht, Zeit für dich gönnen. Gehe in die Massage, gehe joggen, gehe mit Freundinnen aus, schau dir deine

TV-Serie in Ruhe an, lese ein spannendes Buch, gönne dir einfach Zeit für dich. Das lenkt dich vom Trübsalblasen ab und motiviert ihn übrigens, doch auch Teil von deinem Spaß zu sein.

Der zweite Grund:

Ein Mann braucht sehr viel Anerkennung, Bewunderung und Bestätigung. Er will sich wie DEIN Held fühlen. Für dich will er der Größte sein. Wenn dein Partner also etwas tut, wofür er Kritik erntet, wird er sich zurückziehen, denn in seinen Augen hat er versagt. Wenn er nicht genau weiß, was er tun muss, wird er sich ebenfalls zurückziehen, weil er nicht als Versager dastehen möchte. Er macht also lieber gar nichts als etwas Falsches. Für einen Mann gibt es kaum etwas Schlimmeres, als sich als Versager zu fühlen. Wenn er also auch nur schon damit rechnen muss, dass er Kritik für etwas ernten könnte, wird er sich zurückziehen, denn er hat Angst, sich wieder als Versager zu fühlen.

Aber schauen wir an, wie du das lösen kannst. Hast du Kinder? Oder hast du mindestens ein bisschen Erfahrung im Motivieren und Fördern von Kindern? Mit dem Mann ist es nämlich genau gleich. Der Mann braucht ganz viel Lob und Bestätigung. Wenn er das erhält, wächst er über sich hinaus und will noch mehr geben. Denn wie gesagt, er will

DEIN Held sein. Sage ihm so oft wie möglich ganz einfach so etwas wie:

- «Super, vielen Dank.»
- «Ich bin so froh.»
- «Du bist der Größte.»
- «Du bist mir eine große Hilfe.»
- «Das ist sehr lieb von dir.»

Und denke immer daran, warum du das alles machst:

A) Weil du eine glückliche, erfüllende Beziehung voller Wertschätzung, Zuneigung, Verständnis, Anteilnahme, Anerkennung, Sicherheit, Wärme und Liebe möchtest.

B) Weil du in deiner Beziehung gehört und verstanden werden möchtest.

C) Weil ihr euch wieder näherkommen wollt.

Du bist weder eine Hexe noch hat dein Partner eine Kristallkugel, in der er deine Bedürfnisse und Wünsche lesen kann.

Mehr Romantik und mehr Zweisamkeit bitte

Ein Mann findet es oftmals schon sehr romantisch, wenn er mit dir auf dem Sofa sitzen und ein Fußballspiel, das Autorennen oder die Skiabfahrt schauen kann. Vielleicht auch mal ein spannender Krimi oder eine Unterhaltungssendung. Oder wenn er in deiner Nähe in Ruhe die Zeitung lesen kann, zeigt er dadurch, dass es ihm in deiner Gegenwart sehr gut geht. Damit zeigt er dir, dass er deine Nähe sehr schätzt und du ihm sehr viel bedeutest. Für uns Frauen hat das sehr wenig mit Romantik zu tun, aber das weiß er nicht.

Wir wünschen uns Spaziergänge, ein Nachtessen in einem schönen Restaurant oder zu Hause bei Kerzenlicht, Kuscheln vor dem Kamin, ein Picknick im Grünen und so weiter. Du weißt, was ich meine. Wünschst du dir mehr Zweisamkeit und mehr Romantik? Dann rate ich dir dringendst, Bemerkungen wie «Nie gehen wir aus», «Nie hast du Zeit für mich» unbedingt zu unterlassen. Männer mögen keine indirekten Reden, denn sie verstehen sie gar nicht. Sage direkt, was du dir wünschst, und er wird dir dafür dankbar sein. Sage ihm ganz einfach so etwas wie:

- ✓ «Ich wünsche mir ein gemeinsames Nachtessen in einem hübschen Restaurant. Organisierst du etwas für uns beide nächsten Freitagabend? Das würde mich sehr freuen.»
- ✓ «Ich würde am Samstag gerne mit dir ausgehen. Würdest du etwas für uns organisieren?»
- ✓ «Ich liebe dich. Wann hast du Zeit für einen Spaziergang mit mir?»

Und wenn er etwas organisiert hat und dir Bescheid gibt, vergiss nicht, dich extrem erkenntlich zu zeigen. Selbstverständlich auch an und nach eurem Date:

- ✓ «Danke! Du bist einfach der Größte! Das

bedeutet mir so viel. Ich liebe dich.»

✓ «Danke, das ist so schön mit dir. Danke, dass du das für uns organisiert hast. Ich liebe dich.»

Und denke immer daran, warum du das alles machst:

A) Weil du eine glückliche, erfüllende Beziehung voller Wertschätzung, Zuneigung, Verständnis, Anteilnahme, Anerkennung, Sicherheit, Wärme und Liebe möchtest.

B) Weil du in deiner Beziehung gehört und verstanden werden möchtest.

C) Weil ihr euch wieder näherkommen wollt.

Nach dem Grund zu forschen bringt dir
überhaupt nichts. Forsche nach Lösungen.

Wenn er nicht reden will

Männer reden in der Regel nicht einfach «nur so» über ihren Arbeitstag und schon gar nicht über ihre Probleme, ihre täglichen Herausforderungen, ihre Schwierigkeiten oder ihre Sorgen. Sie reden erst dann über etwas, das sie belastet, wenn sie alleine keine Lösung finden konnten. Erst dann ist der Mann bereit, sich Hilfe zu holen und diese zuzulassen. In der Regel bespricht der Mann dann dieses Problem mit einer «Fachperson». Mit Fachperson meine ich einen Freund, einen Kollegen, ein Vorbild, der auf diesem speziellen Gebiet Erfahrung hat. Für gewisse Themen bist du das, manchmal aber eben nicht. Wenn du merkst (und wir Frauen spüren ja, wenn etwas nicht in Ordnung ist), dass ihn etwas belastet und du ihn fragst: «Was ist los?», antwortet er aber mit: «Nichts!» Und wenn du weiterbohrst, und ihm vielleicht sogar schon Ratschläge gibst, weil du ja ahnst, was das Problem sein könnte, dann stößt du ihn ganz mächtig von dir ab. Er fühlt sich einerseits in die Ecke gedrängt und andererseits als Versager. Denn Ratschläge holt sich der Mann bekanntlich erst, nachdem er sich eingestanden hat, dass er das Problem alleine nicht lösen kann. Wenn du ihm unaufgefordert Ratschläge erteilst, erklärst du ihm, dass er ein Versager ist. Und wie bereits erklärt: gibt es kaum etwas Schlimmeres für einen Mann, als sich als Versager zu fühlen.

Ich kann dir hier keinen generellen Tipp geben.
Der Mann kann nicht einfach plötzlich mit dir über
all seine Erlebnisse, Sorgen, Herausforderungen,
Probleme oder Schwierigkeiten reden, denn so
funktioniert das Wesen Mann nun mal nicht. Der
Mann redet nicht, wie wir Frauen, um Verbunden-
heit zu schaffen oder damit es ihm besser geht. Du
kannst aber dafür sorgen, dass ihr deswegen keine
Konflikte mehr habt, und du dich nicht mehr abge-
lehnt fühlst. Sage ihm ganz einfach so etwas wie:

- ✓ «Oh, wie ich sehe, beschäftigt dich etwas.
  Ich bin sicher, du findest eine Lösung.
  Wenn ich etwas für dich tun kann, gib mir
  Bescheid. (Wahrscheinlich brauchst du jetzt
  deine Ruhe. In der Zwischenzeit gehe ich
  mit meiner Freundin was essen.»)

Und es könnte durchaus sein, dass er dadurch sehr
viel schneller eine Lösung findet und dich vielleicht
sogar häufiger miteinbezieht.

Und denke immer daran, warum du das alles machst:

A) Weil du eine glückliche, erfüllende Beziehung voller Wertschätzung, Zuneigung, Verständnis, Anteilnahme, Anerkennung, Sicherheit, Wärme und Liebe möchtest.

B) Weil du in deiner Beziehung gehört und verstanden werden möchtest.

C) Weil ihr euch wieder näherkommen wollt.

Er zeigt dir, dass er dich liebt und du wichtig für ihn bist. Nur verstehst du seine Sprache nicht.

Damit er dir zuhört und mit dir redet

Wie oft hast du mit ihm schon gesprochen, aber er hört dich einfach nicht. Wie oft hast du ihm etwas schon erklärt, aber er hört dich einfach nicht. Wie oft hast du ihm schon gesagt, was du brauchst, aber er hört dich einfach nicht. Ja, das ist sehr gut möglich. Aus verschiedenen Gründen. Männer hören grundsätzlich wirklich schlechter als Frauen. Darum stört es sie auch nicht, wenn der Fernseher laut aufgedreht ist, sie lauthals rumbrüllen, wenn ein Tor gefallen oder eben verschossen wurde. Also das ist sicher mal ein wichtiger Aspekt. Manchmal hört er dich wirklich nicht. Und manchmal hört er dich zwar, weiß aber nicht was er jetzt machen soll oder macht etwas, das bei dir wiederum den Eindruck hinterlässt, dass er dich nicht hört. Etwas kompliziert, aber eigentlich doch ganz einfach. Es kommt immer ein bisschen auf die Situation an, aber generell kann ich dir Folgendes erklären:

Wenn du dich über etwas beklagst, dann hat er das Gefühl, er müsse dir eine Lösung bieten. Er denkt, er müsse diese aktuelle Herausforderung, Schwierigkeit oder Belastung jetzt in diesem Moment sofort für dich lösen oder flicken, denn er will ja dein Held sein. Er versteht überhaupt nicht, dass du einfach nur reden möchtest, denn Männer wollen bekanntlich nie einfach «nur» reden. Dass es ein generelles Erzählen oder Beklagen ist, und du dir eigentlich nur Verständnis, Anteilnahme, Nähe, Anerkennung oder Wertschätzung wünschst, erkennt er nicht. Und wenn du ihn indirekt auf Mithilfe ansprechen möchtest, versteht er das schon gar nicht. (Siehe dazu Kapitel «Wenn er nicht mithilft».)

Jetzt kann es also sein, dass du ihm etwas erzählst (weil wir Frauen das eben so tun) und er dir sofort eine praktische Lösung vorschlägt. Egal was es ist.

Ob du ihm nun von deinem langen, frustrierenden Arbeitstag, vom Postboten, der ständig zu spät kommt, von den Kindern, die immer streiten und ermüdend sind, von deiner Mutter, die sich nicht für dich interessiert, oder von deiner Migräne erzählst, er wird dir sofort eine Lösung präsentieren wollen – oder er flüchtet.

Flüchten tut er, wenn er überfordert ist und keine praktische Lösung zur Hand hat oder wenn er schon mehrfach missverstanden oder ignoriert wurde. Das ist nämlich für den Mann wieder ein Zeichen von «Versagen». Der Mann ist also der ehrlichen Auffassung, dass er dir unbedingt eine Lösung präsentieren muss. Schließlich erzählst du ihm von deiner «Herausforderung», deinem «Problem» und wenn darüber gesprochen wird, bedeutet es, dass eine Lösung gesucht wird. Du aber möchtest keine Lösung, du möchtest einfach nur darüber reden und du möchtest, dass er dir zuhört. Und so ignorierst du seinen Lösungsvorschlag oder wirfst ihm vor, dass er dich nicht versteht. Darum fühlt er sich als «Versager» und zieht sich zurück. Und du bist frustriert und verletzt, weil er dich nicht versteht und du keine Nähe spürst.

So bringst du ihn dazu, dass er dir zuhört

Männer lieben Spiele, Listen und Wettkämpfe. Also nutzen wir das.

1. Bereite das Karten-Set 1 mit 10 Karten vor. Es spielt keine Rolle, wie groß oder farbig dieses

Karten-Set ist. Da überlasse ich deiner Kreativität freien Lauf.

a. Auf jede einzelne Karte schreibst du jeweils folgende Aussage beziehungsweise folgenden Ausdruck:
- ✓ «Ahhhhh»
- ✓ «Wirklich?»
- ✓ «Und dann?»
- ✓ «Beeindruckend»
- ✓ «Verstehe»
- ✓ «ohhhh»
- ✓ «Echt?»
- ✓ «Ja, ich verstehe.»
- ✓ «Das ist wirklich schwierig.»
- ✓ «Oh, das tut mir aber sehr leid.»

2. Bereite Karten-Set 2 mit wiederum 10 Karten vor. Auch hier überlasse ich es dir, wie kreativ du sein möchtest. Allerdings sollten sie farblich vom ersten Set zu unterscheiden sein.

a. Auf jede einzelne Karte schreibst du jeweils folgende Aussage beziehungsweise folgenden Ausdruck:
- ✓ «Wow!»
- ✓ «Super!»
- ✓ «Spannend!»
- ✓ «Beeindruckend!»
- ✓ «Faszinierend!»
- ✓ «Ehrlich?!»

- ✓ «Das finde ich großartig!»
- ✓ «Du bist der Größte!»
- ✓ «Ich bin stolz auf dich!»
- ✓ «Cool!»

3. Vereinbare einen Termin mit deinem Partner, wo ihr etwa eine Stunde Ruhe habt, und nenne es: «Das neue Spiel».

4. So und nun trefft ihr euch zu eurem Termin. Bereite eine gemütliche Atmosphäre vor. Zum Beispiel ein gemütlicher Apéro (kann auch alkoholfrei sein), ein gemütliches Essen, ein gemütlicher Spaziergang oder Ähnliches. Die beiden Karten-Sets hast du dabei.

5. Du erklärst deinem Partner das Spiel wie folgt: «Ich erzähle dir jetzt ein bisschen von meinem Alltag (von gestern, vom heutigen Morgen, von meiner Arbeit etc.) und du hörst mir einfach zu. Jedes Mal, wenn du eine Idee hast und mir etwas sagen möchtest, wählst du ganz einfach eine Karte aus dem Karten-Set 1 und sagst genau das, was da draufsteht. Mehr nicht. Was hältst du davon? Wollen wir das mal probieren?»

   a. Sollte er trotzdem mal aus lauter Gewohnheit etwas anderes sagen, als auf der Karte steht, gib ihm einen Kuss und sag: «Danke. Jetzt kannst du aber noch etwas sagen, das auf der Karte steht.»

6. Wenn du mit deiner Erzählung fertig bist, sagst du: «Danke fürs Zuhören. Das hat mir extrem gut getan und ist wichtig für mich. Du bist der Beste. Ich liebe dich.»

7. Jetzt fragst du ihn, wie sein Tag war. Oder wie es im Training, der Ausbildung, im Geschäft, im Meeting oder Ähnliches war. Und zwischendurch nimmst du eine Karte aus dem Karten-Set 2 und sagst genau nur was auf dieser Karte steht. (Solange er dich nicht wortwörtlich fragt: «Was soll ich machen?», machst auch du unter keinen Umständen irgendwelche Vorschläge zur Verbesserung irgendeiner Situation. Auch wenn du genau wüsstest, was das Beste für ihn wäre. Lass es einfach!)

8. Genießt die Zweisamkeit und lächelt euch an.

Durch dieses Spiel erhältst du viel mehr Anteilnahme, Anerkennung und Wertschätzung und er erhält dadurch viel mehr Akzeptanz und Bewunderung. Dadurch fühlt ihr beide euch viel mehr geliebt und respektiert. Ihr kommt euch wieder näher. Einfach nur schön! Wiederhole dieses Spiel so oft wie möglich (wenn es geht, drei bis fünf Mal pro

Woche). Am Anfang nehmt ihr die Karten-Sets zur Unterstützung, irgendwann braucht ihr sie nicht mehr. Und eigentlich müssen solche Gespräche auch gar nicht immer eine Stunde dauern. Oftmals reichen ein paar Minuten. So wertvoll können ein paar Minuten sein!

Zusammenfassung: Wichtige Unterschiede in der Kommunikation und im Verhalten

Die Frau macht Folgendes:	Der Mann reagiert darauf wie folgt:
Wir Frauen reden gerne. Über die Dinge zu sprechen, nimmt uns Energie und tut einfach gut. Du teilst also deinem Partner zum Beispiel mit, wie (anstrengend) dein Tag war, was schwierig war und wie du dich nun fühlst (wir Frauen binden immer Gefühle in unsere Gespräche ein). • Dadurch geht es dir besser. • Dadurch hoffst du auf Verständnis, Anteilnahme, Anerkennung und Wertschätzung. • Eventuell möchtest du deinem Partner dadurch indirekt	Dein Partner hört: «Problem!» Er denkt sich: «Sie erzählt mir das, also will sie, dass ich das Problem löse, damit es niemals wieder eintritt.» • Er liefert dir während oder gleich nach dem Gespräch Lösungsansätze, wie du das in Zukunft lösen kannst (das ist übrigens einer seiner Liebesbeweise!). • Er zieht sich zurück, weil er keine Ahnung hat, welcher Lösungsansatz nachhaltig das Problem lösen könnte.

auch signalisieren, dass er mehr mithelfen könnte. (Siehe Kapitel «Wenn er nicht mithilft».)	• Er zieht sich zurück, weil du seinen Lösungsansatz ablehnst und er sich dadurch als Versager fühlt. • Er erkennt nicht einmal ansatzweise, dass du von ihm indirekt erwartest, dass er mithilft und mitanpackt (er versteht die indirekte Sprache nicht!)
Du bietest deinem Mann Ratschläge, Hilfe und Unterstützung an, weil es dir wichtig ist, ihm zu zeigen, dass er dir am Herzen liegt, und weil du möchtest, dass es ihm gut geht.	Er möchte seine Probleme selber lösen. Wenn er unaufgefordert Ratschläge, Hilfe und Unterstützung erhält, fühlt er sich inkompetent, ungeliebt und als Versager.

**Und denke immer daran, warum du das
alles machst:**

A) Weil du eine glückliche, erfüllende Beziehung
voller Wertschätzung, Zuneigung, Verständnis,
Anteilnahme, Anerkennung, Sicherheit, Wärme
und Liebe möchtest.

B) Weil du in deiner Beziehung gehört und ver
standen werden möchtest.

C) Weil ihr euch wieder näherkommen wollt.

Oft scheitert die Beziehung, weil die Partner
einander nur das geben, was sie selbst
wollen – aber nicht das, was der andere
bräuchte.

Wenn er nicht mithilft

Wir Frauen sind sehr fürsorglich und hilfsbereit. Wir kümmern uns um alles und um jeden. Wir haben auch immer die Übersicht und die Fähigkeit, sehr schnell zu erkennen, wo was fehlt und wer was braucht. (Leider gehen wir daran manchmal aber auch zu Grunde, aber das ist ein anderes Thema.) Die Männer haben diese Fähigkeit nicht. Sie sind in dieser Beziehung blind. Mach dir keine Hoffnungen und hör auf zu denken, dass er es ja sehen oder merken müsste. Das tut er nicht. Nicht weil er nicht will, sondern weil er es nicht kann. Dies zeigen auch meine Umfragen: Von 30 Frauen wünschen sich 28, dass ihr Partner mehr mithelfen würde, ohne dass sie ihn darauf aufmerksam machen müssen. Von all den Männern, die ich befragt habe, kam hauptsächlich folgende Antwort: «Ich wünschte mir, unsere Beziehung wäre besser. Ich weiß nicht, wie ich was dazu beitragen kann, damit wir ein harmonischeres Familienleben haben. Ich weiß oftmals einfach wirklich nicht, was ich tun soll.» Eigentlich bedenklich und wirklich schade. Die Frauen wünschen sich etwas, die Männer würden gerne, aber wissen nicht, was und wie. So, und wenn du nun Aussagen machst wie: «Schon wieder muss ich alles alleine machen», «Es ist schon so spät, und die Küche ist immer noch nicht aufgeräumt», «Ich weiß nicht, was ich kochen soll», «Immer dieser Stress mit Kinder abholen, kochen, essen, aufräumen und Kinder ins Bett bringen», dann versteht er dich nicht. Er merkt nur, dass (schon) wieder etwas nicht gut (genug) ist, und zieht sich zurück, weil er ja als Versager dasteht, was für ihn eine Ehrverletzung ist. Wenn du willst, dass er dich versteht und mithilft, dann unterlasse die indirekte Rede. Sage ihm ganz einfach so etwas wie:

✓ «Könntest du mir bitte helfen? Könntest du bitte einkaufen gehen?»
✓ «Bringe doch bitte die Kinder ins Bett, während ich die Küche kurz aufräume.»
✓ «Ich hole die Kinder ab. Könntest du bitte das Nachtessen organisieren?»

Sag, was du brauchst, denn er kann es nicht hellsehen. Und wenn er dann mithilft, kritisiere ihn unter keinen Umständen. Danke ihm, auch wenn du es anders oder besser gemacht hättest.

- ✓ «Danke, das ist sehr lieb von dir.»
- ✓ «Danke, du bist der Größte.»
- ✓ «Danke, du bist mir eine große Hilfe.»
- ✓ «Danke, ich bin so froh um deine Hilfe.»

Nun gibt es aber verschiedene Ausgangslagen. Ich gehe auf folgende zwei Situationen ein:

Situation 1:

Dein Partner ist der gemütliche, faule Typ. Er sitzt zu Hause gerne auf dem Sofa und lässt sich bedienen. Der Haushalt ist ganz klar Frauensache. Vielleicht erledigt er hie und da mal ein paar Kleinigkeiten, aber wohl eher selten und ungern. Es stört ihn allerdings auch nicht, wenn das Haus nicht glänzt und die Wäsche ein paar Tage im Wohnzimmer auf das Bügeln wartet. Hauptsache, er kriegt was zu essen, kann sein Ding machen und zwischendurch gibt es Sex.

Situation 2:

Dein Partner ist der ehrgeizige Typ, der wahrscheinlich auch sehr hohe Anforderungen an dich hat. Das Haus muss stets glänzen, die Mahlzeiten müssen pünktlich auf dem Tisch stehen, die Kinder müssen gestriegelt und geputzt sein, die Unterhosen gebügelt und du musst immer gut aussehen und alles unter Kontrolle haben, so dass er in «seinem Ding» nicht beeinträchtigt wird.

Beide Situationen sind eigentlich ganz einfach zu lösen:

1. Notiere dir einen ganzen Tag lang all die verschiedenen Tätigkeiten, die du ausübst. Du musst allerding mit der Liste griffbereit rumlaufen, denn vieles machen wir Frauen ganz automatisch und realisieren es gar nicht. Und wenn du am Abend darüber nachdenkst, was du den ganzen Tag alles so gemacht hast, fällt dir nur ein kleiner Bruchteil wieder ein. Du kannst das auch über mehrere Tage oder sogar über eine ganze Woche hinweg machen.

2. Auf dieser Liste markierst du all die Dinge, die dein Partner sehr gut übernehmen könnte. Aber bitte denke daran: Es soll fair aufgeteilt sein. (Wenn er 100 % berufstätig ist und den ganzen Tag bei der Arbeit war,

dann hat er schon einen großen Teil zu eurem Alltag beigetragen. Wenn du nicht oder nur im Teilzeitpensum tätig bist, kannst du klar mehr Aufgaben eures Alltags übernehmen. Wenn ihr beide 100 % berufstätig seid, teilt ihr es euch zu gleichen Teilen auf.) Überlege dir also, was bleibt am Abend oder Wochenende übrig, das ihr euch aufteilen könnt?

3. etzt machst du eine neue Liste und darauf schreibst du all die Dinge/Tätigkeiten auf, die dein Partner übernehmen könnte.

4. Kündige deinem Partner an, dass du mit ihm etwas besprechen möchtest. Etwa so: «Ich habe da was, das ich mit dir besprechen möchte. Wann können wir reden? Es geht um eine Liste, die ich gemacht habe.»

5. Wenn ihr dann ungestört zusammensitzt, sage ihm so etwas wie: «Du arbeitest ja jeden Tag so viel und wenn du nach Hause kommst, läuft bei uns auch immer grad sehr viel. Und eigentlich kannst du gar nicht wissen, was ich den ganzen Tag so mache. Darum habe ich mal einen ganzen Tag (mehrere Tage/eine Woche) lang aufgelistet, was meine Tätigkeiten sind.» Eventuell möch-

test du die Karten-Sets vom Kapitel «Damit er dir zuhört» für dieses Gespräch nutzen.

6. Tauscht euch über diese ganze Liste aus. Wahrscheinlich hat er Fragen dazu. Du kannst ihm auch erzählen, was dir besonders viel Spaß macht und was du gar nicht so gerne machst.

7. Dann sagst du so was wie: «Ich habe nun eine zweite Liste gemacht.» Zeige ihm die zweite Liste. «Hier stehen verschiedene Aufgaben, die du mir abnehmen könntest. Da könnte ich wirklich deine Hilfe und Unterstützung brauchen. Das würde mir sehr viel bedeuten und das wäre wirklich eine große Hilfe für mich. Was meinst du dazu? Welche dieser Punkte würdest du gerne übernehmen?»

   a. Sollte er aus irgendwelchem Grund sagen, keinen von all denen, und du bist ganz sicher, dass alles gerecht aufgeteilt ist (wie ich oben beschrieben habe), dann sagst du: «Okay. Dann machen wir das beide nicht mehr.» Und dann machst du diese Dinge wirklich nicht mehr. Der Mann erkennt und lernt von Natur aus viel

besser durch Erfahrung, durch Be-
Greifen und nicht durch Worte.

8. Wenn ihr euch geeinigt habt, bei welchen
Tätigkeiten dich dein Mann unterstützen
kann, dann gibst du ihm diese Liste, damit
er sie zur Orientierung und Erinnerung
aufhängen kann. Du behältst eine Kopie
dieser Liste zum Beispiel in der Küchen-
schublade. Sollte er nämlich mal nicht daran
denken, nimmst du sie hervor und legst sie
ihm hin.

Durch diese Liste gibst du deinem Partner genau
das, was er braucht, damit er dir helfen und dich
unterstützen kann. Und du erhältst genau das, was
du dir so sehr wünschst: Hilfe und Unterstützung,
ohne dass du ihn auffordern musst. Ich muss wohl
nicht zusätzlich erwähnen, wie wertvoll das für eure
Beziehung ist. Oder doch? Dein Partner fühlt sich
dadurch wichtig, geschätzt und wertvoll. Du erlebst
dadurch Unterstützung, Anerkennung und Liebe.
Genieße es!

Zusammenfassung: Wichtige Unterschiede in der Kommunikation und im Verhalten

Die Frau macht Folgendes:	Der Mann reagiert darauf wie folgt:
Wir Frauen sehen et-	Die Männer orientieren

was, reagieren und TUN. Beispiele:	sich an Strukturen, Regeln, Listen, Karten.
• Geschirr abräumen • Wäsche waschen • Geschirrspüler ausräumen • Kind vor Gefahren bewahren • Wäsche bügeln • Aufräumen, Abräumen, Putzen • Dinge holen und bringen.	Der Mann sieht diese Dinge oftmals gar nicht und reagiert darum auch nicht. All diese Sachen stehen nicht auf einer Liste, sind in der Karte nicht eingezeichnet, gehören nicht zu einem strukturierten Plan und dafür gibt es auch keine Regeln. Darum bedarf es von seiner Seite aus keiner Handlung.
Die Frau ist frustriert, fühlt sich alleine gelassen, nicht wertgeschätzt und anerkannt, weil der Mann all die Aufgaben nicht automatisch sieht und ihr keine Hilfe ist.	Der Mann hilft nicht unaufgefordert, denn wenn er das tut, spricht er seinem Gegenüber (in diesem Falle dir) Kompetenzen und Fähigkeiten ab. Das wäre, als würde er sich über dich lächerlich machen. Und das will er ja nicht, denn er liebt dich.

Und denke immer daran, warum du das alles machst:

A) Weil du eine glückliche, erfüllende Beziehung voller Wertschätzung, Zuneigung, Verständnis, Anteilnahme, Anerkennung, Sicherheit, Wärme und Liebe möchtest.

B) Weil du in deiner Beziehung gehört und verstanden werden möchtest.

C) Weil ihr euch wieder näherkommen wollt.

Er möchte eigentlich
dein Held sein.

Gemeinsame Beziehungs-Inseln schaffen

Die gemeinsame Zeit geht im Alltag sehr schnell verloren und dies führt über kurz oder lang dazu, dass ihr beide wie zwei separate Inseln nebeneinanderher treibt, aber kaum noch Berührungspunkte habt. Gründe dafür gibt es zahlreiche und sie lauern an jeder Ecke: Die Kinder, die Arbeit, die Verpflichtungen aus den Sportvereinen und Hobbys, die Mutter, der Onkel, der Garten etc. Oftmals ist es allerdings so, dass der Mann in der Regel mehr Hobbys und anderweitige Verpflichtungen hat als die Frau.

Die Zeit zu zweit ist aber außerordentlich wichtig und stabilisiert eure Beziehung. Und diese Zeit müsst ihr euch manchmal vielleicht einfach auch stehlen. Und es muss nicht jedes Wochenende eine Reise oder jede Woche ein Abend auswärts sein. Das ist meiner Meinung nach viel zu schwierig und viel zu aufwändig und dann vergeht euch die Lust dazu. Wichtig und wertvoll sind die kurzen, aber liebevollen Zeiten zwischendurch. Vielleicht sogar fast täglich. Die machen riesen Spaß und bringen euch näher. Ich und mein Mann haben das beinahe jeden Abend gemacht, als unsere Kinder noch klein (und sehr anstrengend) waren. Er kam von der

Arbeit nach Hause und wir verbrachten etwa zehn bis fünfzehn Minuten in der Küche beim Apéro (manchmal hatten wir ein Glas Wein, manchmal ein Bier, manchmal Saft, manchmal Wasser mit Früchten drin, dazu aßen wir ein paar Oliven oder Tomaten) und tauschten uns über die Erlebnisse des Tages aus. Am Anfang wird es für deinen Partner vielleicht ein bisschen seltsam und schwierig sein, wenn er es nicht gewohnt ist, mit dir «zu reden». Aber dann wendest du ganz einfach die beiden Karten-Sets vom Kapitel «Damit er dir zuhört und mit dir redet» an.

Wenn ihr zwischendurch auch mal ganz aus dem Haus könnt, nur du und dein Partner, dann ist das natürlich auch sehr schön. Aber eben: Meiner Meinung nach ist das nicht das Wichtigste. Sobald der

Aufwand dafür zu groß ist, verblasst die Freude und dann ist die ganze Übung kontraproduktiv. Aber diese kleinen Beziehungs-Inseln, ein paar Minuten jeden Tag, die sind absolut GOLD wert.

Und denke immer daran, warum du das alles machst:

A) Weil du eine glückliche, erfüllende Beziehung voller Wertschätzung, Zuneigung, Verständnis, Anteilnahme, Anerkennung, Sicherheit, Wärme und Liebe möchtest.

B) Weil du in deiner Beziehung gehört und verstanden werden möchtest.

C) Weil ihr euch wieder näherkommen wollt.

Was ist DIR wichtig?

Obwohl diese Frage wohl die wichtigste ist, stelle ich sie dir hier eher am Ende des Buches: «Was ist DIR wichtig?» Was macht dich glücklich? Was erfüllt dich? Was gehört einfach in dein Leben, weil es ein Teil von dir ist? Weil es deine Lebensphilosophie ist. Es ist essenziell, dass du dich als Mensch kennst und deine grundlegendsten Bedürfnisse und Wünsche wahrnimmst. Viele Menschen gehen oftmals durchs Leben, ohne dass sie sich ernsthafte Gedanken über ihre Wünsche, ihre Bedürfnisse und über ihr Sein machen. Dabei ist das ein Grundrecht von jedem Menschen, denn jeder Mensch hat es verdient, glücklich zu sein. Und der erste Schritt dahin ist das Entdecken deiner Normen und deiner Werte.

Erster Schritt:

Hier geht es darum, herauszufinden, welche Normen und Werte für dich ganz persönlich wichtig sind. Diese bestimmen und beeinflussen unter anderem nämlich dein Denken, dein Handeln, deine Erwartungen und deine Wünsche.

Was sind Normen?

- ❤ Normen sind konkrete Vorschriften in Bezug auf dein Sozialverhalten.

- ❤ Es gibt formelle Normen (Gesetze) als auch informelle Normen (zum Beispiel Traditionen).

- ❤ Gesetzliche Normen sind verbindlich und werden bei Verstoß sanktioniert.

- ❤ Normen sind äußerliche Erwartungen der Gesellschaft an dein Verhalten.

- ❤ Normen sind von Gesellschaft zu Gesellschaft unterschiedlich. Dies hängt auch von deiner Kultur ab.

- ❤ Normen ermoglichen ein geordnetes Zusammenleben der Menschen.

- ❤ Verändert sich die Gesellschaft, verändern sich auch die Normen.

Was sind Werte?

- ❤ Werte sind ursprünglich die Basis der Normen.

- ❤ Werte sind Vorstellungen, welche von einer Gesellschaft als wünschenswert anerkannt sind.

- ❤ Deine persönlichen Werte wurden/werden durch Bildung, Erziehung geprägt, und zwar durch einfaches Vorleben.

♥ Werte können später durch den Freundeskreis, persönliche Erfahrungen und Erlebnisse noch verändert oder verstärkt werden.

♥ Aus deinen persönlichen Werten können sich übrigens Ziele ergeben. Ich mache dir hier ein Beispiel: Meine Werte in Bezug auf Familie und Partnerschaft waren und sind: Wertschätzung, Anerkennung, Respekt, Ehrlichkeit, Zusammenhalt, Treue, Freude, Spaß, Harmonie. Dadurch entstand mein Ziel, eine Beziehung und ein Familienleben mit all diesen Werten zu führen.

Und jetzt zu DIR

Wir gehen DEINEN Werten auf die Spur. Um zu wissen und zu verstehen, wer du bist, was dir wichtig ist und was du in deiner Beziehung wirklich brauchst, ist es wichtig, dass du deine Werte kennst.

Was sind DEINE Werte in folgenden Bereichen?

♥ Soziale Kontakte

♥ Beziehung und Partnerschaft

♥ Familienleben

Mache dir Gedanken zu deinen Werten und notiere dir diese zu den oben genannten Bereichen. Hier ein Beispiel zum Bereich «Soziale Kontakte»:

✓ Menschen, denen ich vertrauen kann: Ehrlichkeit, Treue, Zuverlässigkeit.

✓ Menschen, die mich gerne haben und respektieren: Anerkennung, Wertschätzung.

✓ Menschen, mit denen ich lachen kann: Freude, Spaß, Humor.

Und jetzt DU. Schreibe dir hier deine Werte auf

Meine Werte im Bereich «Soziale Kontakte»:

_____

_____

_____

_____

_____

_____

_____

_____

_____

_____

Meine Werte im Bereich «Beziehung und Partnerschaft»:

_____

_____

_____

_____

_____

_____

_____

_____

_____

_____

Meine Werte im Bereich «Familienleben»:

_____

_____

_____

_____

_____

_____

_____

_____

_____

_____

Es ist wichtig, dass du dir deine Werte für alle drei
Bereiche, die ich oben aufgeführt habe, notierst.
Nämlich darum, weil du so erkennen kannst, was
dir in den einzelnen Bereichen wirklich wichtig ist,
was in einem der anderen Bereiche nicht so wichtig

ist, wo die Unterschiede liegen und wo es Überschneidungen gibt.

Zweiter Schritt:

Nun wäre es spannend und hilfreich, wenn dein Partner die oben aufgeführte Werte-Aufgabe ebenfalls für sich ausfüllt, ohne dass er vorerst deine Inputs sieht. Danach könnt ihr zusammensitzen und euch darüber austauschen. Sehr spannend. Sehr hilfreich. Sehr wichtig für eure Beziehung.

Und denke immer daran, warum du das alles machst:

A) Weil du eine glückliche, erfüllende Beziehung voller Wertschätzung, Zuneigung, Verständnis, Anteilnahme, Anerkennung, Sicherheit, Wärme und Liebe möchtest.

B) Weil du in deiner Beziehung gehört und verstanden werden möchtest.

C) Weil ihr euch wieder näherkommen wollt.

Die 5 wichtigsten Basis-Punkte für eine glückliche Beziehung

Du hast in diesem Buch schon etliche Anleitungen erhalten. Hier zu guter Schluss, fünf Punkte, die ich dir auf keinen Fall enthalten will. Denn Männer mögen es nicht, wenn wir Frauen voller Selbstzweifel und Unsicherheiten sind.

1. Entdecke DICH

Wie soll dein Partner wissen, wer du bist, was du brauchst, was du dir wünschst, was dir wichtig ist, wenn du es selbst nicht genau weißt? Und oft ist es ganz schwierig, gewünschte Gefühle in Worte zu fassen. Man beziehungsweise Frau weiß nicht genau, was es ist. Es ist einfach ein Wunsch oder sogar ein Bedürfnis, aber irgendwie können wir Frauen es nicht benennen. Gehe auf Entdeckungsreise. Überlege dir ganz genau, was DIR wichtig ist. Was ist es, wonach du dich sehnst? Was fehlt dir in deiner Beziehung? Was wünschst du dir in deiner Beziehung? Wie sieht für dich eine glückliche Partnerschaft aus? Schreibe alles ganz genau auf.

2. Liebe DICH selbst

Wie soll dein Partner dich lieben, wenn du dich selbst nicht liebst? Warum soll er dich respektieren, wertschätzen und Zeit mit dir verbringen wollen, wenn du dich selbst «nur» ein bisschen magst oder sogar voller Selbstzweifel bist? Was kannst du gut? Was machst du gerne? Was bereitet dir Freude? Was hast du in deinem Leben schon alles erreicht? Was sind deine Vorteile? Und ganz wichtig: Je mehr du lächelst, umso schöner bist du –innen und außen! Schreibe dir jeden Tag drei Dinge auf, worauf du stolz bist oder wofür du dankbar bist.

3. Bleibe wer DU bist

Versuche nicht, jemand anders zu sein. Sei ganz natürlich. Sei DICH selbst. Mit jeder Körperzelle, mit deiner ganzen Seele. Denn wenn du DU bist, dich liebst, für das was DU bist, kann dein Partner dich respektieren und lieben.

4. Schreibe dir DEINE Liebesgeschichte auf

Wie oft haben wir schon Liebesfilme gesehen und sind mit den Darstellern verschmolzen? Wie soll DEINE Liebesgeschichte aussehen? Wie willst du dich fühlen? Was willst du erleben? Was willst du hören? Was willst du spüren? Schreibe deine persönliche Liebesgeschichte auf und genieße all die Gefühle, die dabei hochkommen. Denn wenn du es träumen kannst, kannst du es auch (er)leben. (Walt Disney)

5. Löse dich von Schwierigem

Löse dich von hinderlichen Mustern und Systemen. Breche aus dem Teufelskreis aus, und lasse ihn in die entgegengesetzte Richtung drehen, damit es endlich einfacher und schöner wird. Wenn all deine Methoden bis heute nicht funktioniert haben, ändere sie! Was bis heute nicht funktioniert hat, wird nicht morgen plötzlich funktionieren. Übernimm Verantwortung für DEIN Leben, für DEIN Glück, denn das Leben ist viel zu kurz und viel zu wertvoll um einfach nur zu warten und zu hoffen. Gönne dir dabei auch Unterstützung, denn das bist DU dir wert!

Und denke immer daran, warum du das alles machst:

A) Weil du eine glückliche, erfüllende Beziehung voller Wertschätzung, Zuneigung, Verständnis, Anteilnahme, Anerkennung, Sicherheit, Wärme und Liebe möchtest.

B) Weil du in deiner Beziehung gehört und verstanden werden möchtest.

C) Weil ihr euch wieder näherkommen wollt.

Was meinen Männer?

Ich habe Männer zwei Fragen gestellt und spannende Antworten erhalten. Die Fragen lauteten wie folgt:

1. Was stört dich an Frauen (oder an deiner Partnerin) am meisten?

2. Was wünschst du dir am allermeisten von einer bzw. deiner Partnerin?

Antworten zu Frage 1:

- Dass man auch mit sehr viel Empathie und Mühe, die man sich gibt, dennoch gewaltig aneinander vorbeiredet.
- Dass sie immer ihre Taschen mitnehmen. Dabei brauchen sie sie ja gar nicht.
- Dass Frauen nicht geradeheraus sagen, was nicht stimmt, sondern sich zurückziehen und die Probleme in Beziehungen mit Kolleginnen besprechen anstatt mit dem Partner, der dann irgendwie vor vollendete Tatsachen gestellt wird, anstelle von gemeinsamen Lösungen zu suchen.
- Frauen sind leider nachtragend und können

nicht vergessen, wenn es um Konfliktthemen geht. Sie wollen alles x-mal besprechen und bis zum letzten Punkt ausdiskutieren.

- Meine Partnerin ist starke Raucherin.
- Dass sie Mühe hat, das Ganze zu sehen, und manchmal stark auf einer einzelnen Aussage herumhackt, ohne wirklich hinzuhören, um was es mir ganzheitlich geht.
- Dass man(n) jeden Tag den *einen* Liebesbeweis liefern muss.
- Mich stören Partnerinnen, die einen ändern wollen. Man könnte ja miteinander sprechen und offen sagen, was einen stört. Aber diese «Finde es raus, aber ich sag dir nicht was»-Spiele finde ich abstoßend und kindisch und fördern die Beziehung nicht.
- Ich habe leere Versprechungen nicht gerne.
- Dass Probleme oft nicht direkt angesprochen werden. Sondern um sieben Ecken, die Mann dann merken sollte.
- An meiner Partnerin stört mich ihre Unsicherheit trotz ihres Erfolgs.
- An meiner Frau stört mich am meisten, wenn sie sich vor schwierigen Aufgaben drückt.
- Dass eine Frau nur an ihre eigene soziale Sicherheit plus eventuell diejenige ihrer Familienangehörigen denkt.

- Der Konkurrenzkampf. Sie vergleicht sich oft mit anderen Frauen.

Antworten zu Frage 2:

- Die beste Freundschaft, die es gibt. (Die meisten Ehen werden nicht mangels Liebe, sondern mangels Freundschaft geschieden.)
- Dass sie natürlich sind wie wir. Ohne große Schminke und Sonnenbrille.
- Ehrlichkeit, Treue, Gemeinsamkeit und zum Partner stehen.
- Mein Wunsch ist es eine selbstständige, selbstbewusste Frau zu haben, die ihren eigenen Interessen nachgeht, ihren Freundeskreis, sich und ihren Körper pflegt und den Partner in demselben Rahmen die Freiheiten

lässt. Dass beide ihre Leben im Rahmen der Partnerschaft respekt- und vertrauensvoll führen. So bleibt dies spannend, prickelnd, anziehend, sinnlich, erotisch, knisternd.

- Dass sie vom Rauchen loskommt.
- Dass sie bereit ist, sich nicht auf Äußerlichkeiten zu verbeißen. Das heißt, offen zu sein und dem Leben zu vertrauen. Dass sie bereit ist, an sich persönlich und unserer Liebe zu arbeiten. So diese beiden Punkte vereint.
- Dass sie in sich stabil ist und das Selbstbewusstsein nicht immer wieder im Außen sucht. Dass Sie für den (geliebten) Partner Raum reserviert lässt.
- Eine Partnerin auf Augenhöhe, welche zusammen an der gemeinsamen Beziehung/Zukunft arbeiten möchte.
- Dass sie mich respektiert, so wie ich sie auch respektiere. Ich bin einer, der immer gibt. Wäre schön, wenn von der Frau auch etwas zurückkommen würde.
- Gute Kommunikation und Geborgenheit.
- Dass wir die «Balance» zwischen vermissen und bedrängen finden.
- Ich wünsche mir von meiner Frau, was ich glücklicherweise bekomme: Diskussionen auf Augenhöhe, einen Sparringspartner, eine Geliebte, eine Ehefrau und wundervolle

Mutter. Mehr Sex geht natürlich immer, aber mit kleinen Kindern muss man sich etwas einschränken… andererseits wird man fantasievoller.

- Sie sollte es schätzen, dass sie zwei gesunde Beine hat und allgemein gesund ist.

Wenn man liebt, sucht man die Schuld bei
sich, nicht beim anderen.

Richard Burton

Schlusswort und Glückwunsch

Ich weiß, es ist nicht immer einfach in der Partnerschaft, und manchmal fehlt dir einfach auch die Kraft und die Energie, um zu kämpfen. Es gibt Zeiten, da ist es anstrengend. Es tut weh. Nachts liegst du vielleicht wach und grübelst. So viele Wochen, Monate und oftmals auch Jahre sind schon vergangen, und es funktioniert einfach nicht richtig. Das macht müde. Ich rate dir, vergeude keine einzige Minute mehr. Tu was! Denn jede Minute, in der du nicht wirklich glücklich bist, ist vergeudete Zeit. Und du hast es verdient, eine glückliche und erfüllende Beziehung voller Wertschatzung, Zuneigung, Verständnis, Anteilnahme, Anerkennung, Sicherheit, Wärme und Liebe zu haben. Bedingungslos!

Und nun möchte ich dir gratulieren. Du hast das wertvollste Buch gelesen, dass es überhaupt gibt. Denn die Anleitungen in diesem Buch, sind einfach in deinen Alltag integrierbar und funktionieren wirklich. Nun weißt du, wo du jederzeit nachschlagen kannst und hilfreiche Werkzeuge findest. Genieße deine glückliche Beziehung und dein harmonisches Familienleben. Ich freue mich aus tiefstem Herzen für dich!

Und denke immer daran, warum du das alles machst:

A) Weil du eine glückliche, erfüllende Beziehung voller Wertschätzung, Zuneigung, Verständnis, Anteilnahme, Anerkennung, Sicherheit, Wärme und Liebe möchtest.

B) Weil du in deiner Beziehung gehört und verstanden werden möchtest.

C) Weil ihr euch wieder näherkommen wollt.

Hier findest du mich

www.SandraLilianaSchmid.com

Quellennachweis

Inspirationen durch
- Persönliche Erfahrungen
- Beobachtungen und Erfahrungen aus Beratungsgesprächen
- John Gray: *Männer sind anders. Frauen auch.*
- Michele Weiner-Davis: *A woman's Guide to changing her Man*
- Christian Bischoff
- Vera F. Birkenbihl

- Bilder:
  - Private Bilder
  - Pixabay.com
  - Fotolia.de

Wenn du zwei Menschen zur gleichen Zeit liebst, dann wähle den zweiten Menschen. Denn wenn du den ersten wirklich lieben würdest, hättest du dich nie in den zweiten verliebt.

Johnny Depp

DAS Buch für den MANN
5 Geheimnisse für eine erfolgreiche Beziehung

Erhältlich als Taschenbuch, als eBook und als Kindle-Edition. ISBN 978-3-7431-8230-1

Dieses Buch lüftet Geheimnisse und gibt jedem Mann klar strukturierte und lösungsorientierte Anleitungen und Werkzeuge, damit er und sie eine glückliche, erfüllende, bereichernde und liebevolle Beziehung mit Anerkennung, Vertrauen, Freiraum, gutem Sex und frei von Vorwürfen und Machtkämpfen genießen können.